Für Guy, in Zuneigung, Onkel Petr

P. H.

Für Joseph und Gabriel,
mit all meiner Liebe

N. D.

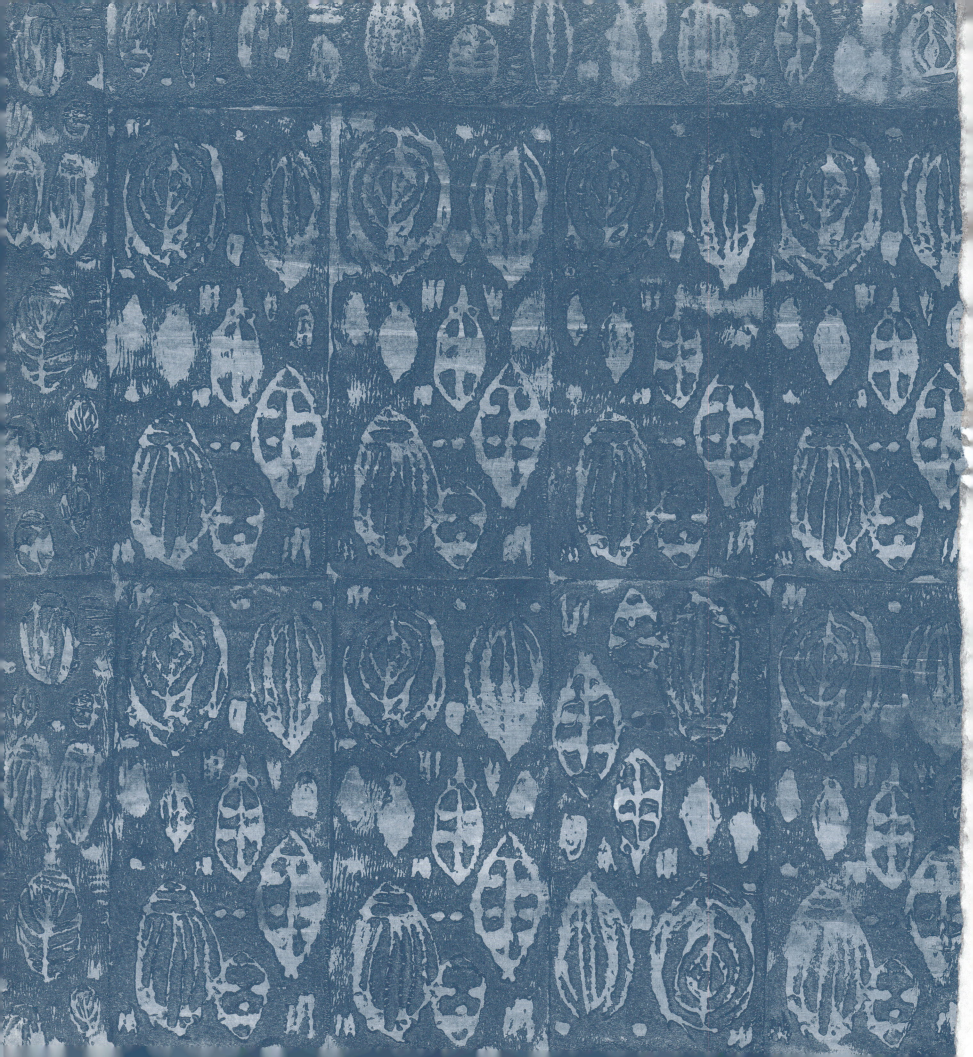

Dieses Buch gehört:

_____

Nicola Davies

Mein erstes großes Buch der TIERE

Illustriert von Petr Horáček

Aus dem Englischen von Ebi Naumann

INHALT
— ✲✲✲ —

GROSS UND KLEIN
— ✲✲✲ —

Blauwal	6
Das Lied vom größten und vom kleinsten Vogel	8
Die Hummelfledermaus	10
Giraffen	12
Elefanten	14
Große Löwen	16
Kleine Löwen	17
Solch ein Molch …	18
Komododrache	19
Ameisen	20
Walhai	22
Was bin ich?	24

FARBEN UND FORMEN
— ✲✲✲ —

Käfer	26
Tiger, Tiger, deine Streifen	28
Pink ist des Flamingos Ding	30
Großes Wandelndes Blatt	32
Der Chamäleon-Song	33
Warum haben Zebras Streifen?	34
Blauer Morphofalter	36
Kamele und ihre Höcker	38
Paradiesische Vögel	40
Der Panda-Song	42
Punkte und Streifen	44

TIERWOHNUNGEN
— ✷✷✷ —

Der Biberdamm	46
Webervogel	48
Wolfsgeheul	50
Schneckenhäuser	52
Spinnennetz	53
Seeanemone und Clownfisch	54
Quallen ziehen mit dem Strom	56
Orang-Utan beim Nestbau	58
Storchennester	60
Parasiten	62

TIERBABYS
— ✷✷✷ —

Der erste Ausflug	64
Wie Seeschildkröten Eier legen	66
Gorillababy	68
Wege, zum Wasser zu gelangen	70
Libellenbabys	72
Seepferdväter	74
Stille Helden	76
Kängurus Geburt	78
Das friedliche Krokodil	80
Eier	82

TIERE IN AKTION
— ✷✷✷ —

Verpasstes Abendessen	84	Monarchfalter	96
Küstenseeschwalbe	86	Der schnellste Speerfisch	98
Koalas Wiegenlied	88	Ein Biss genügt	100
Faul, fauler, Faultier	89	Korallen	102
Leuchtkäfer	90	Die Nachtigall und	
Bienentanz	92	der Buckelwal	104
Schleiereule	94	Werkzeug anwendende Tiere	106

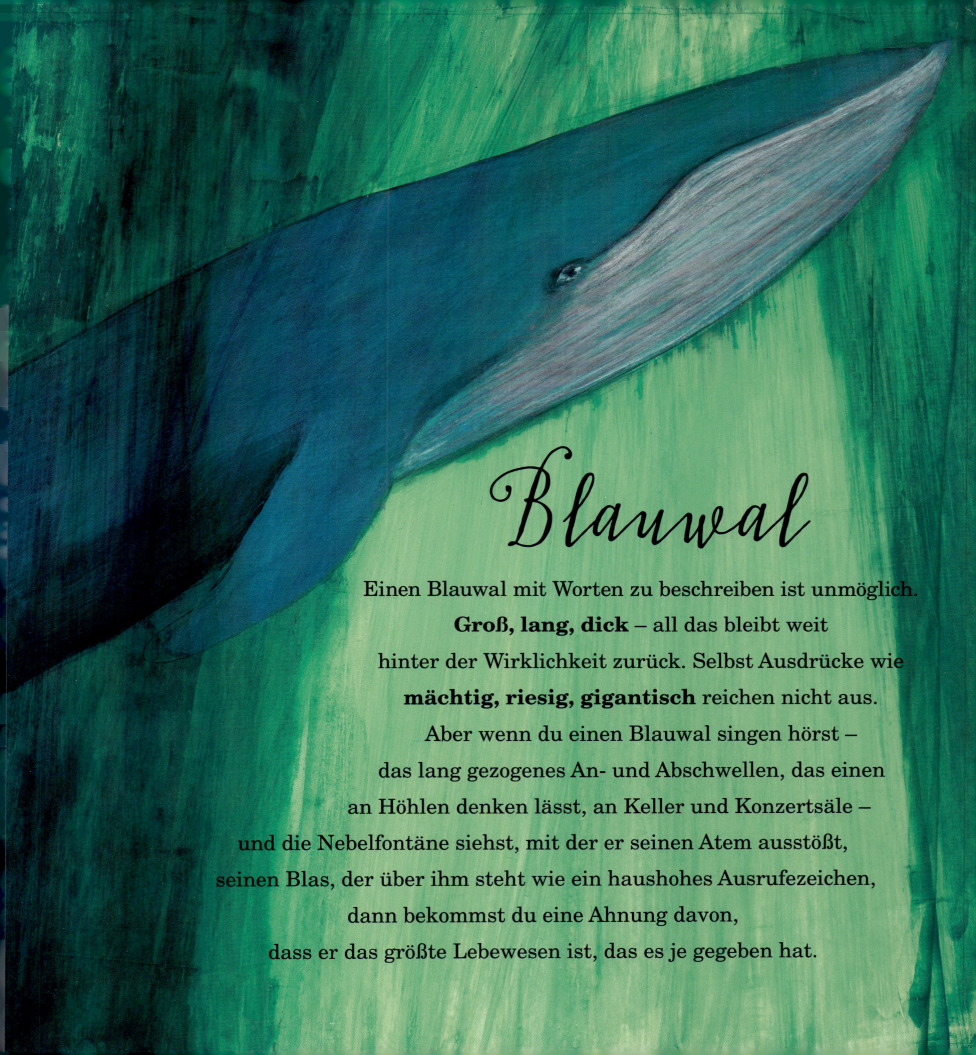

Blauwal

Einen Blauwal mit Worten zu beschreiben ist unmöglich.
Groß, lang, dick – all das bleibt weit
hinter der Wirklichkeit zurück. Selbst Ausdrücke wie
mächtig, riesig, gigantisch reichen nicht aus.
Aber wenn du einen Blauwal singen hörst –
das lang gezogenes An- und Abschwellen, das einen
an Höhlen denken lässt, an Keller und Konzertsäle –
und die Nebelfontäne siehst, mit der er seinen Atem ausstößt,
seinen Blas, der über ihm steht wie ein haushohes Ausrufezeichen,
dann bekommst du eine Ahnung davon,
dass er das größte Lebewesen ist, das es je gegeben hat.

Das Lied vom größten

Der Strauß, er lebt in Afrika,
wo die Savannen liegen,
er ist der größte Vogel da,
zu groß und schwer zum Fliegen.

und vom kleinsten Vogel

In Kuba lebt der Kolibri,
von ihm musst du nur wissen:
Er ist ganz klein, wird größer nie
als unsere Hornissen.

Der Kolibri, er passte locker
x-mal in einen Strauß hinein, und doch –
haut's manchen auch vom Hocker –
sind beides Vögel: groß und klein.
Mit Schnabel und mit Federkleid
und mit zwei Flügeln,
tut mir leid.

Die Hummelfledermaus

Wie ein pelziger Sahnebonbon,
im Baumwipfel von einem geheimen Platz
zum nächsten schwirrend, so begibt sich die
Hummelfledermaus auf die Jagd.

Herz, Lunge, Gehirn, Blut und Knochen –
sie alle finden Platz in ihrem winzigen Körper.
Kein Säugetier ist kleiner als sie –
es sei denn, sie erwartet ein Baby.

Giraffen

Niemand in Afrika trägt die Augen so hoch wie die Giraffen.
Keiner erlebt den Sonnenaufgang so früh wie sie.

Schon bald wird das Licht durch die Bäume dringen.
Dann ziehen sie sich zurück in den Schatten.

Aber noch ist die Sonne ein Schimmer bloß in ihren Augen.
Keiner erlebt den Sonnenaufgang so früh wie die Giraffen.

Elefanten

„GUCK MAL", werdet ihr sagen. „Elefanten!"

Stimmt! Wer sollte das auch sonst wohl sein?
Aber schaut noch mal hin. Sehen sie genau gleich aus?
Ist nicht einer ein wenig größer?
Hat nicht einer kleinere Ohren?
Und wenn sie mit ihren Rüsseln nach dem Futter greifen,
achtet mal auf deren Enden:
Ist eins so wie das andere? Nein!

Ist es nicht wunderbar, dass es doppelt so viele
Elefanten gibt, wie ihr geglaubt habt:
Afrikanische und Indische!

Große Löwen

Lang ausgestreckt, teils auf-, teils nebeneinander,
lagern Löwen im Schatten und schlafen.
Erst wenn die Sonne untergeht, wachen sie auf,
lassen die Muskeln unter ihren goldenen Mänteln spielen,
und wenn sie gähnen, seht ihr ihre langen,
scharfen Zähne.

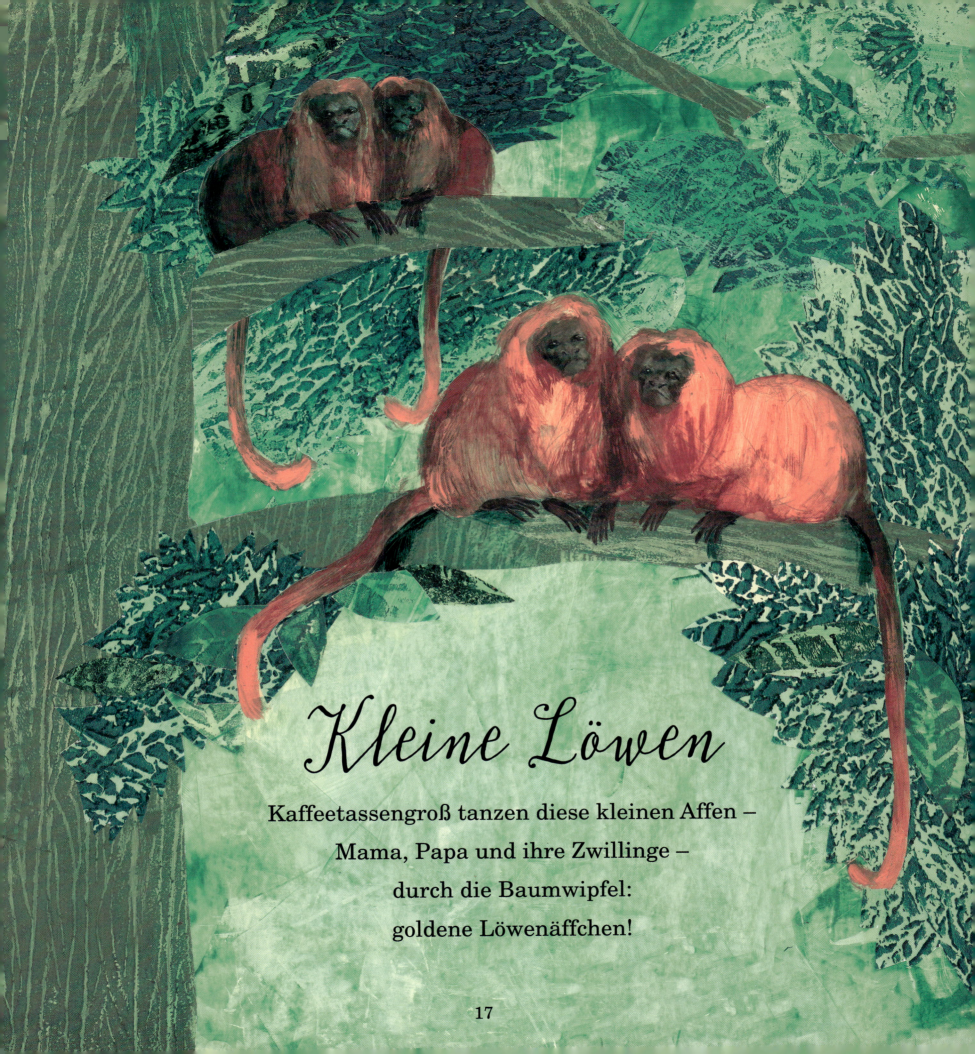

Kleine Löwen

Kaffeetassengroß tanzen diese kleinen Affen –
Mama, Papa und ihre Zwillinge –
durch die Baumwipfel:
goldene Löwenäffchen!

Solch ein Molch ...

Schon klar, auch ich mag Frösche
mit ihrem Rumgehüpfe und Gequake
und ihren Beinen wie Brustschwimmer.

Aber nichts ist so niedlich wie ein ganz normaler Molch,
sein winziger samtener Körper, kleiner als dein Finger,
und sein orangefarbener, gesprenkelter Bauch.

Niemand nimmt ihn wahr, als gäbe es ihn nicht,
doch jedem sei's gesagt:
Nichts ist niedlicher,
nein, nichts ist niedlicher
als solch ein Molch.

Komododrache

Dieser Drache speit kein Feuer, aber seine Zunge zuckt wie eine Flamme.

Dieser Drache hat keine Flügel, aber er fliegt durch den Dschungel.

Klauen scharf wie Rasiermesser, giftig sein Biss:

Flüstre seinen Namen, Komodo, und hüte dich vor ihm!

Ameisen

Ameisen sind ständig in Bewegung, huschen hin und her,
tasten unablässig mit ihren Fühlern.
Spüren sie Nahrung auf, hinterlassen sie eine Duftspur,
damit auch die anderen den Weg dorthin finden.
In null Komma nichts entsteht so eine Ameisenstraße,
vom Nest zur Nahrungsquelle und wieder zurück.

Ihr Nest ist ein unterirdisches Labyrinth Tausender kleiner Gänge.
Dort leben so viele Ameisen wie Menschen in einer Großstadt.
Irgendwo in der Tiefe versteckt, legt die Königin ihre Eier ...
legt Eier um Eier, die wieder zu Ameisen werden.
Kein Wunder, dass Ameisen sich ständig bewegen,
wo sie doch eine so große Familie ernähren müssen!

Walhai

Als wär's ein Stück vom Sternenzelt

aus tiefer Unterwasserwelt,

gönnt uns der Walhai einen Blick –

dann taucht er ab und schwimmt zurück.

WAS BIN ICH?

Walhaie sind keine Wale, sondern große Fische. Fledermäuse sind keine Vögel, obwohl sie Flügel haben. Wie findest du heraus, welche Tiere zusammengehören?

SÄUGETIER
Atmet Luft ein und aus
Fell
Warmes Blut
Babys kommen lebend zur Welt

VOGEL
Atmet Luft ein und aus
Schnabel
Federn
Legt Eier

AMPHIBIE
Atmet Luft und Wasser ein und aus
Weiche, feuchte Haut
Legt Eier im Wasser

REPTIL

Atmet Luft ein und aus
Trockene, schuppige Haut
Legt Eier (meistens)

SPINNE
Acht Beine

KRUSTENTIER
Zehn Beine

INSEKT
Sechs Beine

Aber wie sieht's beim Blauwal aus?
Lebt im Wasser, atmet jedoch Luft ein und aus.
Keine Beine, aber warmes Blut.
Bringt seine Babys lebend zur Welt …
Er ist ein SÄUGETIER!

FISCH

Atmet Wasser ein und aus
Schuppen
Lebt immer im Wasser
Keine Beine, sondern Flossen

Tiger, Tiger, deine Streifen,

gold'ne, braune, schwarze Reifen,

helfen nachts dir, zu ergreifen

die dich nicht sehn und nicht begreifen,

dass Tiger nicht zum Spaß rumstreifen.

Pink ist des Flamingos Ding

Erfolg hängt bei den Flamingos bloß von einer Farbe ab: PINK!

Sie finden keinen Lebenspartner, es sei denn, ihr Federkleid ist PINK.

Sie bauen kein Nest, es sei denn, um sie herum sind alle PINK.

Also wühlen sie im Matsch, denn ihre Nahrung macht sie PINK!

Großes Wandelndes Blatt

Irgendwo in diesem Baum
sitzt ein riesiges Insekt, so groß wie deine Hand.

Irgendwo, irgendwo an diesem Ast,
versteckt, geschützt vor hungrigen Mäulern.

Irgendwo, irgendwo, irgendwo
sitzt ein Blatt, das kein Blatt ist, sondern ein riesiges Blattinsekt.

Irgendwo!

Der Chamäleon-Song

Ein bunt gefärbter Ringelschwanz,
halb eingerollt teils und teils ganz,
die Zunge lang, fix und zum Saugen,
wie auf zwei Kugeln beide Augen.

So kriechen gerne sie auf Zweigen
und pflegen sich dann grün zu zeigen.
Denn wenn so auf die Jagd sie gehen,
kann keins der Tiere sie mehr sehen.

Doch fühlt allein es sich und lausig,
dann färbt's Chamäleon gleich blau sich,
gelb oder rot, bloß um zu sagen:
„Wie wär's mit uns? Willst du's
nicht wagen?!"

Warum haben Zebras Streifen?

Streifen!

Schwarz auf weiß? Weiß auf schwarz?

Schaut nach unten und erfahrt's.*

* Zebras sind am Bauch erst mal schwarz und bekommen dann später weiße Streifen.

Streifen!
Weiß auf schwarz? Schwarz auf weiß?
Und schon wisst ihr, wie ich heiß.

Streifen!
Weiß auf schwarz? Schwarz auf weiß?
Kaum zu sehn, stehn wir im Kreis.

Streifen!
Weiß auf schwarz? Schwarz auf weiß?
Ruft es laut und ruft es leis!

Blauer Morphofalter

Im Regenwald kann man kaum etwas erkennen.
Alles liegt im Schatten und ist grün.
Fast schon düster.

Um dich herum hörst du es zirpen und kreischen,
und von fern ertönt ein Pfeifen.
Du fühlst dich allein.

Plötzlich siehst du strahlend blau und tellergroß
einen Schmetterling vor dir,
den Weg dir zeigen.

Taucht auf, verschwindet – flügelschlagend,
führt dich weiter und weiter. Wie ein Traum, an den du dich
schon bald kaum noch erinnerst.

Kamele und ihre Höcker

Brütend heiße Tage,
frostige Nächte –
das Leben in der Wüste ist hart.
Futter? Kaum.
Wasser? Nicht genug.

Kamele haben einen Fettspeicher,
ihre Höcker.
Die helfen ihnen durchzuhalten.
Dromedare haben nur einen,
Kamele zwei.

Paradiesische

Farben tanzen durch den Wald.
Keine Dschungel-Disco,
keine Besucher aus dem All,
sondern Paradiesvögel,
die mit ihren Federn spielen
und leuchtend bunte Regenbögen bilden.

Vögel

Jeder will sagen:
„Ich bin der Schönste!
Ich bin der, den du suchst!"

Der Panda-Song

Dort wo die Bambushaine stehen,
in Chinas Bergen, in der Höh,
kannst einen großen Bär'n du sehen:
schwarz wie die Nacht, weiß wie der Schnee!

Kann's sein, dass er die Farben hat,
um einen andren Bär zu finden?
Hat er's Alleinsein vielleicht satt
und möchte sich an jemand binden?

Oder nutzt er zum Verstecken
sein Schwarzweiß? Des Nachts? Im Schnee?
Will er die Chinesen necken,
die in Peking und Taipeh?

Wie's auch sei, der Pandabär
lebt in den Bergen, meist allein …
Und ob er manchmal braun gern wär,
wird stets wohl sein Geheimnis sein.

Punkte und Streifen

Tiere nutzen Punkte und Streifen ganz unterschiedlich.
Hier nur einige Beispiele:

Punkte schrecken hungrige Vögel ab.

Sind das Punkte oder Augen?

Ist hier vorn oder hinten?

Punkte helfen Leoparden, sich im Schatten zu verstecken.

TIERWOHNUNGEN

Der Biberdamm

Gefällte Bäume, klug im Matsch aufgetürmte Stämme.
Wer hätte gedacht, dass ein Tier dahintersteckt?

Aber nun ist da, wo einst ein Bach plätscherte,
ein See, in dem sich Wolken spiegeln,
weil die Biber ein Zuhause brauchten
und einen Damm gebaut haben.

Webervogel

Erst macht er sich ein grünes Band

aus einem Blatt von Elefantengras.

Das knotet er um einen baumelnden Ast

und formt einen Reif, groß genug, um darauf zu sitzen.

Dann baut er das Dach, die Wände und den Boden.

Das dauert lange. Ein Band nach dem anderen.

Drüber und drunter – so webt er sich sein Haus.

Ganz zum Schluss die Haustür:

eine senkrechte Röhre, garantiert schlangensicher.

An die hängt sich der Webervogel,

flattert, singt und hofft, ein Weibchen kommt vorbei.

Wolfsgeheul

In die dunkel-eisige Stille hinein heulen die Wölfe.

Ihr Ruf dringt über den zugefrorenen Fluss,

vorbei an schneebedeckten Bäumen,

in aufmerksam gespitzte Wild- und Hasenohren

und verkündet: Das Land gehört uns!

Schneckenhäuser

Will sich eine Schnecke schützen,
geht sie in ihr Schneckenhaus,
denn dort kommt sie nicht ins Schwitzen,
und dort trocknet sie nicht aus.

Ihr Haus ist wie ein Caravan,
mit ihm kann sie verreisen,
doch Vorsicht, denn ein Igel kann
trotz Haus sie flugs verspeisen.

Spinnennetz

Die Spinne spannt einen seidenen Faden von Baum zu Baum.

Stück für Stück schiebt sie ihn aus ihrem Körper,

kleiner als eine Kaffeebohne.

Hin und her und rauf und runter.

Zum Schluss noch eine klebrige Spirale.

In der sitzt sie dann und wartet,

bis sie das Zucken ihrer Beute spürt,

die sich in ihrem Seidenrad verfangen hat.

Seeanemone und Clownfisch

Diese Anemonen sind keine Blumen, sondern Tiere – stechende Finger rund um einen hungrigen Mund.

Ohne sehen und hören zu können,
berühren und stechen sie,
töten und fressen.

Bloß der kleine Clownfisch
bleibt ungeschoren
und legt seine Eier
in diese tödliche Krippe.

Quallen ziehen mit dem Strom

Eine Qualle sucht sich ihren Platz nicht aus.
Sie zieht mit dem Strom, wohin er sie auch treibt.
Solang sie ihren durchsichtigen Körper zusammenziehen,
sich so fortbewegen und ihre stechenden Tentakel
auswerfen kann, um kleine Beutetierchen zu fangen,
ist ihr das total egal.

Den ganzen Tag über streift

die Orang-Utan-Mutter mit ihrem Baby

durch die Baumkronen.

Sie schaut aus, als würde sie träumen,

und doch findet sie die schönsten Früchte.

Nun biegt sie Äste in der Mitte eines Baumes,

verträumt, als hätte sie keinen Plan,

und doch steht dort plötzlich ein Bett mit dünner

Matratze und einem Kissen aus Blättern.

Der Abendhimmel ist klar und rosarot;

nicht das geringste Anzeichen von Regen.

Trotzdem hat sie ein Dach übers Nest gebaut.

Vielleicht weiß sie Dinge,

von denen wir nichts ahnen.

Storchennester

Früher hieß es, ein Storchennest auf dem Dach bringe Glück.
Man brachte alte Wagenräder dort an, um sie anzulocken.

Einst klapperten Störche über jedem Bauernhof,
während die Menschen unten ihrer Arbeit nachgingen.

Dann legte man die Sümpfe trocken, und die Störche blieben aus.
Jahrelang blieben die Wagenräder auf den Dächern leer.

Jetzt gibt es wieder Feuchtgebiete, und die Störche sind zurück.
Aber heutzutage nisten sie lieber auf Masten.

PARASITEN

Delfine leben im Meer und Orang-Utans im Dschungel.
Flöhe jedoch leben auf anderen Tieren, und damit sind sie nicht allein.
Man nennt sie Parasiten.

*Flöhe leben im Fell von Tieren und beißen sie,
wenn sie Hunger haben, um Blut zu saugen.*

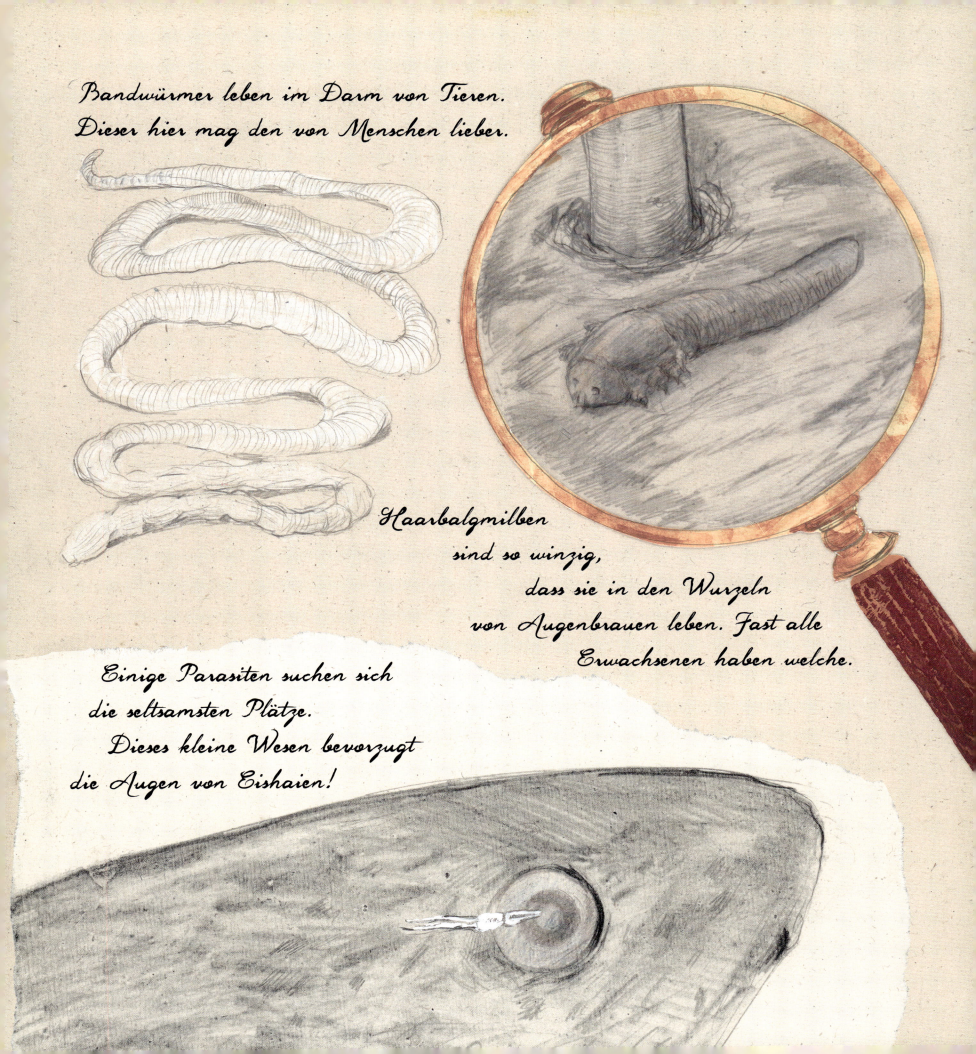

TIERBABYS

Der erste Ausflug

Mama Eisbär klettert aus ihrer Höhle
und reckt schnuppernd ihre Nase empor.
„Uff! Uff!", ruft sie,
und ihre Zwillinge tauchen auf,
jeder kaum größer als ein kleiner Hund.

Heute ist ihr erster Tag in der Welt,
und es gibt eine Menge zu lernen:
über das Eis und wie man einen Seehund jagt.
Aber das kann warten: Jetzt rollen sie
erst mal den Hügel runter wie ein paar
Schneeflocken im Pelz.

Wie Seeschildkröten Eier legen

Vor sechs Wochen kroch eine Seeschildkrötenmutter

hier den Strand hoch und legte ihre Eier ab.

Jedes einzelne fiel mit einem satten Plopp

in ein von ihr gegrabenes Loch,

wie nasse Pingpong-Bälle.

Hundert Stück! Dann schleuderte

sie Sandfontänen empor und

deckte die Grube damit zu.

Das war's: Ihr Mutterjob war erledigt.

Heute nun fing der Sand zu tanzen an,

und jetzt sind es ihre Kleinen,

die sich zum Ozean vorarbeiten.

Gorillababy

Das jüngste Baby im Wald
öffnet seine kastanienbraunen Augen.
Nun sieht es Nebel, grün, und Bäume.
Familie auch – Schwestern, Brüder, Tanten, Kusinen
und seinen großen Papa mit seinem Silberrücken.
Es kuschelt sich an die starken Arme seiner Mutter,
schmiegt sich in ihr dunkles Fell …
und schläft wieder ein.

Wege, zum Wasser zu gelangen

Es gibt TAUSENDE verschiedener Frosch- und Krötenarten.
Fast alle fangen als Kaulquappen an und brauchen Wasser zum Leben.
Deswegen legen die meisten Frösche ihre Eier gleich im Wasser ab.
Aber was machen die, bei denen es nicht so ist?

Männliche Geburtshelferkröten tragen ihre Eier mit sich rum und werfen sie in einen Teich, kurz bevor die Kaulquappen schlüpfen.

Pfeilgiftfrösche tragen ihre Kaulquappen auf dem Rücken zu Lachen, die der Regen in Blättern bildet.

Männliche Darwin-Nasenfrösche schlucken ihre Kaulquappen, damit sie in ihren feuchten Mäulern groß werden können.

Einige Ruderfrösche bauen Schaumnester auf Blättern überm Fluss. So fallen die Kaulquappen ins Wasser, wenn sie schlüpfen.

Libellenbabys

Am Teich, im Trüben,
üben
Monsterbabys.

Was für ein Rucken,
zucken
ihre Kiefer.

Wieder und wieder
fahren ihre Glieder
aus der Haut.

Bis endlich Schluss ist mit der Qual
und sie sich ein letztes Mal
aus der Hülle pellen.

Libellen!

Seepferdväter

Schaut her, wie aus der Tasche holen
Seepferdväter ihre Fohlen,
die sie in ihrem Bauch gehütet
und nicht die Mütter ausgebrütet.

Stille Helden

Hin und her. Von einem Bein aufs andere.

Das machen Kaiserpinguinväter den ganzen Winter lang,

in einer Kolonie zusammengedrängt mit anderen Vätern.

Jeder balanciert ein Ei auf seinen Füßen,

hält es in seiner Bauchfalte warm –

schützt es vor der bitteren Kälte.

Hin und her und her und hin,

eiskalte Nacht nach eiskalter Nacht,

Eisstürmen trotzend.

Sie sind stille Helden, warten bloß

auf das *Piep Piep* ihrer geschlüpften Jungen

und die rettenden Rufe ihrer zurückkehrenden Weibchen.

Kängurus Geburt

Blind und rosa und nackt,
klein wie ein Finger:
Das neugeborene Känguru sieht aus wie ein Wurm.

Es weiß, dass es nun hochklettern muss
in den Schutz des Beutels seiner Mutter.
Sie kommt ihm dabei nicht zu Hilfe,
und es scheint ewig zu dauern.

Doch dann, endlich, ist es so weit!

In seiner warmen, dunklen Höhle wächst es heran.

Bald schon wird es raushüpfen und wieder rein.

Das friedliche Krokodil

Ein Krokodil soll friedlich sein?
Friedlich ist doch was für Tauben!
Doch mit fünf Babys, süß und klein,
sind sanfter sie, als wir meist glauben.

Die Mutter wartet voller Bangen,
entfernt vom Nest sich nicht zu weit
und kommt gleich nach seinem Verlangen,
wenn ein Kleines nach ihr schreit.

So wild die Kleinen auch schon sind,
so manch ein Tier könnt sie verdrücken,
es sei denn, so ein Krokokind
reitet auf Mamas breitem Rücken.

Drum – sollte wieder einer sagen,
so 'n Krokodil ist hundsgemein,
denkt dran, wie sie die Babys tragen:
Ein Krokodil kann friedlich sein!

EIER

Aus Eiern schlüpfen die unterschiedlichsten Geschöpfe ...

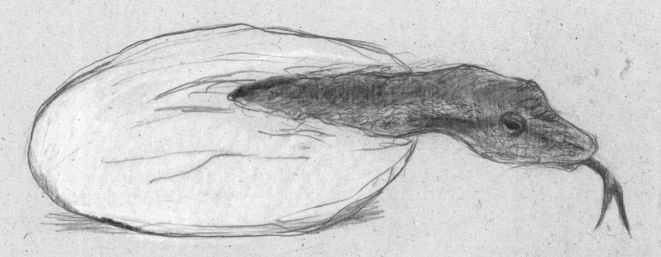

Pythonschlangen winden sich aus ledernen Eiern.

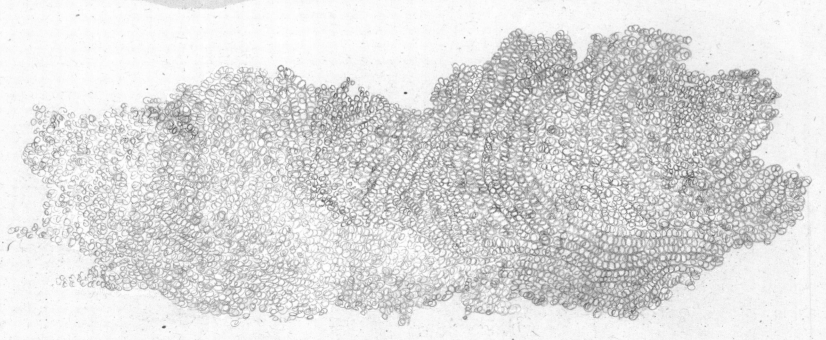

Mondfischmütter legen bis zu 300 Millionen Eier, jedes nicht größer als ein Komma.

Raupen kriechen aus stecknadelkopfgroßen Eiern.

In solchen Kapseln, die ihr am Strand finden könnt, sind die Eier vom Dornhai und vom Rochen.

Straußenküken schlüpfen aus Eiern, fast so groß wie ein Fußball.

TIERE IN AKTION

Verpasstes Abendessen

Der schnellste Sprinter auf der Welt
rennt so schnell, wie's ihm gefällt.

Beugt und streckt sich nach Gefallen,
drückt sich ab mit seinen Krallen.

Sein Schwanz hilft Haken ihm zu schlagen,
seinem Nachtmahl nachzujagen.

Doch ist er auch ganz nah der Beute:
Zu guter Letzt entkommt sie heute.

Küstenseeschwalbe

Weiße Flügel, empfindlich wie Papier, und ein Körper, leichter als ein Brötchen. Und doch fliegt dieser kleine Vogel von Pol zu Pol und wieder zurück. Jedes Jahr ein Mal.

Wenn man alle Reisen zusammenzählt, die solch eine Schwalbe in ihrem Leben macht, kommt man bis zum Mond und zurück. Drei Mal!

Koalas Wiegenlied

Hoch oben im Eukalyptusbaum
schläft der Koalabär, fluffig wie eine Wolke,
an den Ast geschmiegt.
Manchmal, nicht so bald, wacht er auf,
frisst Blätter und schläft wieder ein.
Schläft und schläft und schläft,
und die Gummibaumblätter seufzen
ihr nie enden wollendes Wiegenlied.

Faul, fauler, Faultier

Ein Faultier hängt am liebsten rum
mit zwei, drei Fingern fest am Ast,
das Leben unten findet's dumm:
zu viel los und zu viel Hast.
Algen färben grün sein Fell,
so dass beim Fressen man's nicht sieht,
Hauptsache, es frisst nicht zu schnell –
wie schön, dass es das Faultier gibt.

Leuchtkäfer

Grüngelbe Lichter schimmern sacht
in mancher schönen Sommernacht.

An-aus! An-aus! Aus-an! Aus-an!
Ein Meer, das man nicht zählen kann.

Ein jedes ist ein Käferlein,
das blinkt: „Schau her! Komm! Und sei mein!"

Bienentanz

Mitten im Gedränge und Gesumme des Bienenstocks

verbreitet eine Biene die Nachricht unter ihren Schwestern:

Blumen! Blumen! Jede Menge Blumen!

Und dann tanzt sie ihnen vor, wo sie sie gesehen hat:

Eine schräge Schrittfolge beschreibt die Richtung,

die Heftigkeit ihres Schwänzelns die Entfernung.

Jetzt machen sich ihre Schwestern auf den direkten Weg

und sammeln den Nektar für kühlere Tage.

Schleiereule

Weich wie Samt und schimmernd weiß
schwebt die Schleiereule durch die Nacht.

Lautlos wie der wandernde Mond,
schaut, horcht – und stößt herab.

Die Maus hat die Eule nicht kommen hören;
schon ist sie wieder verschwunden. Lautlos.

Monarchfalter

Es gibt ein Tal,
in das fallen Falter ein wie Wolken
aus orangefarbenen Flügeln.
Wie Herbstlaub im Rückwärtsgang
taumeln sie zu den Zweigen empor,
bedecken die Bäume mit ihrem
Kleid aus lebendigem Licht;
das leichte Zittern ihrer Flügel
lässt es leuchten.

Es gibt ein Tal,
in das fallen Falter ein wie Wolken,
ein Platz voller Zauber und zum
Träumen.

Der schnellste Speerfisch

Grimmig und schnell:
die Flosse flexibel, flirrend, flink,
sein Speer stechend, schlitzend, spitz.
Kleine Fische tun besser dran zu fliehen,
wenn der Speerfisch kommt, wütend und unverhofft.

Ein Biss genügt

Eine Viper hat keine Beine
und keine Klauen zum Zugreifen,
aber sie beißt.

Ihre Fangzähne sind hohle Nadeln,
giftige Spritzen.
Ein Biss reicht.

Sie verschlingt ihre Beute in einem Stück,
denn eine Schlange kann nicht kauen,
sondern nur beißen.

Eine Viper hat keine Beine
und keine Klauen zum Zugreifen,
aber sie beißt.

Korallen

Millionen
winziger Tentakel und Mäuler
öffnen-schließen, öffnen-schließen,
wie Spielzeugschirme.
So klein! So zart!
Und bauen trotzdem jahrelang Riffe aus Stein,
Heimat für Regenbögen aus Fischschwärmen, so groß,
dass man sie vom Mond aus sieht.

Die Nachtigall und der Buckelwal

In Wald und Hain um Mitternacht,
wenn alles schläft und ruhig ist,
tiriliert und pfeift die Nachtigall,
Gesang, Gesang!

Tief unter der silbernen Meeresoberfläche,
von Wind und Wirbeln unberührt,
wummert und murmelt der Buckelwal,
Gesang, Gesang!

Sie werden sich nie hören können;
nur ihr wisst, dass ihre Lieder
Teil sind derselben Musik,
Gesang, Gesang!

WERKZEUG ANWENDENDE TIERE

Lange hieß es, nur Menschen könnten mit Werkzeugen umgehen.
Jetzt wissen wir, dass auch viele Tiere es tun!

Tümmler benutzen kleine Schwämme, um ihre Nasen zu schützen, wenn sie zwischen scharfen Kanten Nahrung suchen.

Schimpansen benutzen Stöcke, um Termiten aus ihren Hügeln rauszustochern.

Kapuzineraffen benutzen große Steine, um Nüsse zu knacken.

Spechtfinken auf den Galapagosinseln benutzen Kaktusdornen wie eine Gabel, um Raupen aufzuspießen.

1. Auflage 2017
Alle deutschen Rechte bei Aladin Verlag GmbH, Hamburg 2017
Text © 2016 Nicola Davies
Illustrationen © 2016 Petr Horáček
Originaltitel: A First Book of Animals
Published by arrangement with Walker Books Limited, London SE11 5HJ
All rights reserved.
No part of this book may be reproduced, transmitted, broadcast or
stored in an information retrieval system in any form or by any means, graphic,
electronic or mechanical, including photocopying, taping and recording,
without prior written permission from the publisher.
Aus dem Englischen von Ebi Naumann
ISBN 978-3-8489-0126-5
Printed in China

www.aladin-verlag.de